Tiere in der Wildnis
Gorilla

Carlsen Verlag · Reinbek

Gorillas sind Menschenaffen – wie auch die Schimpansen und Orang-Utans. Die Menschenaffen sind von allen Tieren am engsten mit dem Menschen verwandt. Gorillas gibt es nur in Afrika. Man unterscheidet Flachland- und Berggorillas. Dies ist ein junger Berggorilla.

Weibliche Gorillas bringen nur etwa alle vier Jahre ein Kind zur Welt. Die Schwangerschaft dauert achteinhalb Monate. Das Neugeborene wiegt ungefähr zwei Kilogramm. Es ist in den ersten Monaten völlig hilflos, doch die Mutter kümmert sich ständig um ihr Kleines und trägt es immer bei sich.

Die ersten zweieinhalb Monate trinken die Gorillababys nur Muttermilch, dann beginnen sie, gelegentlich auch Pflanzen zu fressen. Im Alter von sechs Monaten können sie sich weitgehend selbst ernähren; doch sie hören noch lange nicht auf, ab und zu Milch bei der Mutter zu trinken.

Die Babys entwickeln sich sehr schnell, schon nach viereinhalb Monaten können sie sicher laufen. Da Gorillas in Großfamilien zusammenleben, gibt es immer Spielkameraden. Sie haben oft die gleichen Spiele wie Menschenkinder, zum Beispiel spielen sie gern »Fangen«.

Auch die anderen Mitglieder der Gruppe kümmern sich gelegentlich um die Heranwachsenden, sogar – wie hier – die männlichen Gorillas. Obwohl sie gute Kletterer sind, leben die Gorillas hauptsächlich auf dem Boden.

Wenn männliche Gorillas ungefähr zehn Jahre alt sind, wird das Fell auf ihrem Rücken silbergrau; solche Tiere nennt man »Silberrückenmänner«. In diesem Alter wiegen sie etwa hundertsiebzig Kilogramm und sind aufgerichtet eineinhalb Meter groß.

Gorillas können zwar aufrecht gehen, doch meistens laufen sie auf allen vieren. Dabei werden die Hände mit den Knöcheln aufgestützt. Bei allen Menschenaffen sind die Arme länger als die Beine. Mit solch langen Armen können sie sich gut von einem Ast zum nächsten hangeln.

In jeder Gorillagruppe gibt es eine feste Rangordnung. Der älteste Silberrückenmann ist der Anführer. Alle gehorchen ihm, und das fällt leicht, denn er sorgt sehr gut für seine Familie. Aber auch die anderen Familienmitglieder halten Wache und schlagen Alarm, wenn Gefahr droht.

Die Berge auf den beiden vorigen Seiten sind die Heimat der Berggorillas. Sie leben in Zentralafrika. Dort gibt es Regenwälder, in denen viele Pflanzen wachsen, die die Gorillas gerne fressen. Diese großen Tiere sind nämlich reine Pflanzenfresser.

Sie leben von Blättern, Schößlingen und saftigen Trieben. Die anderen Tiere brauchen also keine Angst vor dem größten Menschenaffen zu haben. Die Gorillas selbst haben nur zwei Feinde: Leoparden und Menschen.

Dort, wo die Berggorillas leben, regnet es sehr oft. Sie lieben den Regen zwar nicht, doch haben sie sich daran gewöhnt. Oft suchen sie sich bei Regen einen geschützten Platz; manchmal legen sie zum Schutz auch nur den Kopf auf die Brust.

Jeden Tag wandert die Gorillagruppe ein Stück weiter; manchmal nur hundert Meter, manchmal fünf Kilometer. Bei Einbruch der Dunkelheit beginnen sie, Schlafnester auf Bäumen oder am Boden zu bauen. Und dann wird ausgiebig geschlafen.

Das Leben in der Familie ist für die Gorillas sehr wichtig. Streit gibt es selten, vielmehr ist das Zusammenleben gemütlich und zärtlich. Es gibt aber unter den Männchen auch Einzelgänger, die allein leben und sich nur hin und wieder für einige Tage einer Gruppe anschließen.

Die Gorillas sind sehr vom Aussterben bedroht, weil ihr Lebensraum immer weiter durch den Menschen eingeschränkt wird. Die Wälder werden gerodet, um neue Anbauflächen zu gewinnen. Oft werden Gorillas auch aus Angst erschossen oder von Wilderern gejagt.

Dabei sind Gorillas friedfertige Tiere. Sie werden nur gefährlich, wenn man sie angreift. Hier sieht man einen Flachlandgorilla im Spiel mit einem Mann. Man schätzt, daß es heute nur noch vierhundert Berggorillas gibt. Den Flachlandgorillas scheint es nicht viel besser zu gehen.

Dian Fossey war eine bekannte Forscherin, die viele Jahre bei den Berggorillas lebte. Sie konnte so die Verhaltensweisen der Tiere studieren und Freundschaft mit ihnen schließen. Sie versuchte ihr Leben lang, die Gorillas vor Wilderern zu schützen. Auch wir sollten alles tun, damit die »sanften Riesen« nicht aussterben.

Für Nicholas, Tom und Stephen

Mit Ausnahme des Fotos auf Seite 22 zeigen alle Tierbilder Berggorillas. Viele von diesen Aufnahmen sind in der von Dian Fossey gegründeten Forschungsstation Karisoke in Ruanda entstanden. Wir möchten an dieser Stelle ihren großen Einsatz für die Berggorillas noch einmal ausdrücklich würdigen.

Bildnachweis:
Die Fotos in diesem Buch stammen von Bob Campbell,
außer: Seite 2, 10, 15: Survival Anglia;
Seite 5, 8, 16 und Umschlagrückseite: Natural Science Photos;
Seite 11: Bruce Coleman Ltd;
Seite 22: Howletts Zoo Parks, Nr Canterbury, Kent.
Wir danken für die freundliche Abdruckgenehmigung.

1. Auflage 1989
Alle deutschen Rechte bei Carlsen Verlag GmbH, Reinbek 1989
Originalcopyright © 1985 by Belitha Press Limited, London
Textcopyright © 1985 by Mary Hoffman
Originaltitel: ANIMALS IN THE WILD / GORILLA
Lektorat: Eva Bobzin
Umschlaggestaltung: Lutz Dreckmann
Druck und Bindung: Mohndruck, Gütersloh
080289108 · ISBN 3-551-20372-5
Printed in Germany